MARC SANGNIER

Dans l'Attente et le Silence

AU SILLON
34, Boulevard Raspail, Paris (VIIe)

Ces pages, vieilles déjà de quelques années, n'étaient, en aucune façon, destinées à la publicité. Si nous nous sommes décidés à les publier aujourd'hui, c'est que nous jugeons que plusieurs seront peut-être soutenus et réconfortés par ces confidences. Nous n'avons pas songé à nous inquiéter des négligences du style fruste de ces quelques notes que nous avons préféré livrer telles quelles au lecteur comme à un ami.

I

Ecole Polytechnique,
Mai et Juin 1896.

Ce que j'ai pensé, ce que j'ai senti, ce que j'ai vu, durant cette année dernière, à la caserne, je veux l'écrire ici sans ordre, selon que les souvenirs reviendront à ma mémoire. Contre tout ce qui me heurtait, m'humiliait, m'attendrissait ou me scandalisait, j'avais une suprême consolation dans mon impuissance : « Je me souviendrai... » : telle était la résolution que j'imprimais dans mon âme avec passion.

Je songeais alors aux jours durant lesquels tout le présent qui m'étreignait si fort serait devenu passé lointain aux couleurs pâlies : c'était ma joie d'espérer être vite délivré du poids quotidien de l'ambiance hostile. Je sentais cependant que ce serait un devoir de se souvenir, de rappeler à de certaines heures les vieux tourments d'autrefois pour incliner son cœur à la pitié humaine et pour calmer les maux secrets que presque tous ignorent, mal connus de ceux-là mêmes qui les endurent.

Mes espérances se sont réalisées. Dans une année je serai, s'il plaît à Dieu, appelé à commander comme officier ces soldats que j'ai connus, soldat moi-même, il y a un an. Aujourd'hui, enfermé dans l'École, je suis déjà loin de l'Armée : j'ai le recul voulu pour en parler. Il faut que je me hâte : de nouveaux ennuis font vite s'éteindre l'ardeur même du souvenir des anciens ; je ne vois plus déjà sans un effort d'attention les réalités sous l'obsession desquelles je me débattais vainement, il y a seulement quelques mois. Je veux regarder en arrière, alors surtout que j'ai besoin de recueillement et de travail intérieur, de travail silencieux et désintéressé ne se manifestant pas, à peine commencé, en discours publics applaudis ou critiqués ; je veux fixer quelques remarques encore tout humides des émotions parmi lesquelles elles se sont formées : cela seul peut les conserver intactes et comme les embaumer pour toujours.

Mon Christ bien-aimé, je vous demande de me protéger, de vous servir de ces quelques instants de retour en arrière et comme d'austère examen pour purifier et élargir mon âme, pour fortifier ma pauvre volonté si faible et si débile pour les travaux quotidiens et les petits efforts répétés qui la brisent et l'épuisent. Vous savez, mon Dieu, combien rude fut ce premier contact avec les hommes ; vous savez que je veux les aimer malgré tout, mais par vous, mais en vous, ce que je n'avais pas assez compris, alors même que je le répétais théoriquement. Je crois à toutes les idées qui m'ont rempli l'âme depuis que je suis tout petit ; je n'ai renoncé à aucune foi ; je suis peut-être épuisé, lassé, mais je vois toujours l'œuvre à faire, et je veux lui donner tout entière ma misérable vie. Ah ! combien de fois je l'ai dit, répété, écrit cela que je donnais ma vie à une espérance et à une œuvre ! A force de crier toujours la même chose, il me venait une terreur que cela ne finisse par n'être plus qu'une attitude, un geste, que cela ne soit plus qu'un moule creux et vide, autrefois plein de sève, maintenant misérablement mort. Dites-moi, mon Dieu, n'est-ce pas que vous savez que je ne me suis pas ainsi horriblement trompé ? n'est-ce pas que je ne suis pas la dupe d'une ombre, le prisonnier d'un rêve ? Oh ! si vous n'étiez là pour moi au fond de toutes choses, je tremblerais dans ma nuit, je frissonnerais dans ma nudité. Mais, vous du moins, vous êtes vivant, vous m'entendez, vous savez qui je suis, combien j'ai besoin de vous, vous comprenez ce que je veux dire alors que les phrases et les mots craquent sous l'effort de ma pensée malhabile ; et puis, vous voulez que j'aille à vous tout simplement, comme font les tout petits : tant que je resterai cela avec vous, je n'aurai rien à craindre des enthousiasmes qui font battre le cœur à le briser, ni des langueurs où se morfond l'âme épuisée et traînante.

II

Nous sommes toujours au milieu de nos pensées et de nos émotions. Tout s'ordonne par rapport à nous comme une sphère par rapport à son centre. Je ne puis pas juger l'Armée et la caserne autrement qu'avec mes yeux, mon esprit et mon âme. Je sais que cela irrite beaucoup d'hommes qui ne déclarent véridiques que les reproductions sans dessin et sans couleur où il n'y a, en somme, pas plus d'erreur que de vérité parce qu'il n'y a rien du tout. Je crois, au contraire, qu'en ne songeant qu'à être bien vraiment nous-mêmes, qu'en ayant horreur de nous duper sur ce que nous aimons, sur ce que nous voulons, sur ce que nous souffrons, nous arrivons ainsi, sans nous en douter, à être, du même coup, largement et universellement humains : l'humanité n'est-elle pas semblable à la croûte terrestre dont les différentes parties sont rejointes par des assises continues et profondes qui passent même au-dessous des immenses océans ?

III

L'Armée a ce caractère des choses religieuses qu'on l'attaque et qu'on la défend avec passion : on se refuse à l'examiner froidement, à analyser sans parti pris ce qu'elle est. Pour les ouvriers et les paysans, c'est la grande chose fatale qui s'empare d'eux, contre laquelle on ne peut pas résister, et qu'ils craignent assez pour ne pas même oser la juger une fois qu'elle les a relâchés.

Ce respect de la force m'a extraordinairement frappé dans ces âmes populaires. Craindre la force, rien de plus naturel, comme le fait remarquer Pascal dans ses *Pensées*. Mais la respecter, pourquoi? Là encore, il me revient à la mémoire cette idée de Pascal : Les hommes voulant que la justice et la force soient unies (ce qui est un instinct parfaitement équitable) et ne pouvant faire que la justice soit forte, se sont avisés d'appeler justice la force. L'ouvrier devenu soldat, qui méprise le patron et souvent le hait, a une sorte d'admiration pour l'uniforme galonné du jeune officier qui passe devant lui, indifférent, d'allure oisive, pendant qu'il peine et souffre à faire la manœuvre. Peut-être entre-t-il dans son esprit cette idée que le chef est d'une race à part, d'un monde assez supérieur à lui pour qu'il ne puisse pas le jalouser, ainsi qu'il ferait d'un caporal ou d'un sergent; sans doute aussi, il considère comme une peine inutile de condamner ce qui est inébranlable à ses yeux; il a le respect du *fait accompli*. On l'entend répéter sans cesse : « ceci est », combien rarement : « ceci doit être ».

Le soldat se révolte peu contre les punitions : il sait qu'il y a là comme une fatalité sur sa tête et il en veut plus au sous-officier qu'à l'officier, car il connaît mieux le premier, moins bien le second. L'officier est souvent d'autant plus respecté qu'il est plus mal connu. Combien ne doivent tout leur prestige qu'au voile impersonnel qui les couvre et qu'à la participation qu'ils ont à ce réservoir immense de forces répressives qu'est la discipline militaire !... Hélas! qu'ils sont rares peut-être ceux qui seraient mieux obéis s'ils se rapprochaient plus familièrement de leurs hommes !

Comment donc ceux qui revendiquent sans cesse leur entière liberté, qui ne parlent que d'oppression et de tyrannie, subissent-ils sans mot dire la plus rigoureuse des contraintes? Ils s'indignent des prétentions dominatrices de l'Eglise qui n'a pour se faire obéir d'autres moyens que sa doctrine et ses exemples : ils ne songent pas à se révolter contre l'autorité qui leur fait, pendant trois années, un sort pratiquement semblable à celui des esclaves. C'est que la loi religieuse est désarmée : c'est là sa faiblesse et sa gloire : la loi militaire a des milliers de fusils et de canons pour se faire obéir : c'est là sa force.

On méprise ce qui est faible et l'on admire ce qui est fort. Ne serait-il pas vrai de dire que l'on obéit souvent par faiblesse et par crainte, et que ce n'est que par calcul inconscient que l'on se donne ensuite de bonnes raisons pour excuser ce que l'on a peur d'être une lâcheté? Quel est l'homme qui consentirait à avouer qu'il n'obéit que parce qu'il a peur : il y aurait peut être cependant équité et sagesse à se le dire.

Combien d'hommes sont impuissants à concevoir autre chose que ce qui est et s'irritent lorsqu'on veut les forcer à concevoir ce qui pourrait ou ce qui devrait être ! A quoi bon, songent-ils, penser à ce que l'on n'a pas en main le pouvoir de réaliser ! Ils ignorent que les désirs et les rêves de chacun sont une force qui s'endigue petit à petit dans un sûr réservoir d'où ils sortiront tout puissants et inonderont tout quand la mesure sera pleine. Ils ne se doutent pas que la dignité de l'homme est justement d'être au-dessus, par la pensée, des nécessités qui semblent le dominer. « L'homme est plus grand que ce qui le tue parce qu'il sait qu'il meurt, et que l'univers n'en sait rien... »

La plupart des hommes éprouvent un plaisir méchant à voir ceux-là mêmes qui affirment très haut ce qui doit être, forcés de supporter, eux aussi, ce qui est. Ils prennent ainsi une facile revanche sur ceux qui ont eu la coupable envie de leur montrer leur misère à nu..

Tout ceci vu et observé à la caserne. Ils ne me disaient pas : *nous* irons en marche, *nous* passerons une revue, mais : *tu* iras en marche, *tu* passeras une revue demain. Leur consolation était que je subirais, malgré moi et avec eux, quelque chose qui m'empêchait de travailler pour mon examen, ou simplement qui me fatiguait et m'ennuyait.

... Et ces mêmes hommes, si soucieux d'égalité, ne trouvaient pas injuste que l'officier marche à cheval et ne porte pas de sac sur le dos, ni qu'un élève de Polytechnique soit officier sans avoir été soldat; mais cela les choquait qu'un pauvre *taupin*(1) ait de la liberté pour suivre les cours d'un lycée et préparer ce même examen de Polytechnique. Toujours ce respect du succès, — le succès n'étant qu'une forme particulière de la force, — et non pas d'un succès quelconque, mais de ce succès spécial qui confère l'autorité sur eux.

Dans ce sentiment populaire, il entre sans doute de la bassesse, peut-être aussi, au fond, de la défiance de soi et de l'humilité : c'est comme un vice au plus profond duquel se cacherait la pâle fleur d'une timide vertu.

(1) On désigne de ce nom les candidats à l'Ecole Polytechnique.

IV

Quand je suis arrivé au régiment, j'avais conscience que j'accomplissais un devoir, et il m'était doux de sentir que ce devoir était le même pour tous les citoyens, que c'était un véritable impôt démocratique. Je considérais l'armée comme étant bonne non seulement pour fabriquer des soldats, mais encore pour former des citoyens; j'aimais jusqu'à la rudesse et à la dureté même que je lui supposais.

Or, la première fois que je vis notre capitaine, — c'était je crois quelques heures après notre arrivée, au bureau de la compagnie —, il faisait beaucoup de tapage et jurait, car il y avait du désordre dans les effets militaires. Nous étions là un groupe de nouveaux soldats, pauvres recrues timides, nous efforçant de prendre un air naturel alors que nous étions tous terriblement gauches : les uns étaient déjà habillés et semblaient déguisés en soldats; les autres, encore revêtus de leurs habits civils, généralement corrects et propres, même lorsque l'usure et les reprises nombreuses trahissaient la pauvreté, regardaient devant eux, s'efforçant de garder bonne contenance, et un peu humiliés de n'avoir pas encore la livrée commune : tous paraissaient animés d'une extraordinaire bonne volonté. J'avais déjà causé avec eux sur la Grande Avenue de Versailles le matin, alors que nous attendions tous le signal d'entrer, puis dans la cour du quartier; ils avaient l'air un peu fatigués de la mauvaise nuit passée dans les wagons de 3e où on les avait empilés, — car la plupart venaient de loin, — mais pleins de courage, pas tristes, graves seulement et sérieux, très sérieux, ce qui donnait un charme particulier à ces figures d'ouvriers et comme une clarté discrète de vie intellectuelle.

Ils étaient donc là tous, très serrés dans ce petit bureau encombré déjà par des armoires et une table. Le *chef* (1) et quelques sous-officiers étaient assis, avec un air de fierté nonchalante, baissant les yeux avec soumission quand le capitaine les fixait du regard, souriant au contraire et se faisant des gestes d'intelligence quand il leur tournait le dos.

Enfin le capitaine remarqua que les jeunes soldats qu'il avait fait appeler étaient arrivés. Il dit à ceux qui étaient encore derrière la porte d'entrer eux aussi. Il y eut une petite poussée dans le plus grand silence; tout le monde fixait du regard les galons brillants de l'officier. Il commença tout de suite :

— J'ai quelques renseignements pratiques à vous donner. D'abord un conseil. Ici il y a des voleurs... Ayez l'œil à toutes vos affaires : si l'on vous vole des effets militaires, c'est vous qui serez punis... Dormez en gendarmes (textuel)... Maintenant, on vous demandera de payer des verres : on vous dira que c'est l'habitude, on essaiera peut-être de vous intimider. Surtout ne vous laissez pas faire. Votre argent est à vous : vous avez le droit de l'employer comme vous voulez... Tâchez de ne pas vous le laisser prendre.

Ce discours, si brutalement désabusé sous sa forme naïve, me parut presque un crime, quand je l'entendis. Je regardais ces jeunes hommes, mes compagnons, qui avaient tout quitté : leur pauvre foyer qu'ils aimaient sans doute, leur pays, si cher, surtout aux âmes simples qui ont peur et ne savent plus se mouvoir hors des horizons accoutumés, leurs parents, leurs amis, leur métier qui seul, en somme, leur assurait du pain pour le présent et pour leur vieillesse aussi, je les contemplais si résignés à tout prendre du bon côté, si soumis, si doux devant le chef : et voilà quelle était leur première rencontre avec celui-ci, voilà par quelles paroles il les initiait à la vie nouvelle qu'ils allaient avoir à mener !

J'étais convaincu que si on leur eût dit qu'on les avait cherchés si loin, qu'on les avait arrachés à tout, qu'on allait les faire esclaves pendant trois ans, parce que la patrie avait besoin de tous ces sacrifices, parce qu'il fallait que chaque citoyen se rendît apte à pouvoir la défendre ; je sentais que si on leur eût expliqué que, même en temps de paix, la formation de la caserne était faite pour leur apprendre à travailler un

(1) Nom communément donné dans les casernes au sergent-major.

peu d'un travail désintéressé à l'œuvre commune, qu'il leur fallait accepter librement ce qui doit être un service, non un esclavage, et qu'ainsi ils recevraient en récompense le bienfait d'une conception d'autant plus haute de la patrie qu'ils auraient fait plus d'efforts pour elle, le bénéfice d'une fraternité plus réelle et d'une force au labeur plus robuste et mieux disciplinée, je devinais qu'un pareil langage leur aurait été jusqu'au cœur. Peut-être n'eussent-ils pas tout d'abord pénétré jusqu'au fond : au moins ils auraient su qu'il y avait une raison à ce qu'on demandait d'eux, que ce n'était pas fatalité barbare, ni même seulement nécessité cruelle d'exténuer les forces de la paix pour préparer la guerre... Ils auraient eu le sentiment qu'ils n'étaient pas seuls, que le chef était aussi un initiateur, qu'il avait non seulement des ordres à donner, mais que l'on devait encore réclamer ses conseils ; peut-être aussi plusieurs d'entre eux s'attendaient-ils confusément à trouver à la caserne quelque chose comme une âme; peut-être avaient-ils senti comme moi le cœur leur battre lorsque le chef avait ouvert la bouche pour prononcer devant eux les toutes premières paroles d'accueil.

Les pauvres *bleus* s'en allèrent donc, sachant seulement qu'il fallait se défendre contre les voleurs et garder son argent pour soi, — conseil qu'ils durent, sans doute, bien comprendre et scrupuleusement observer.

Or ces bons yeux timides et un peu effarés du jeune soldat fraîchement débarqué et encore à moitié habillé, je ne les ai plus déjà rencontrés dans les jours qui ont suivi, et rien ne me faisait même plus songer à eux lorsque je regardais les visages ternes et lassés des hommes de la classe... Aussi ai-je pensé qu'il devait vite être trop tard pour montrer à ces hommes ce que devait être l'Armée, lorsqu'ils avaient hélas! tâté de ce qu'elle était. Leur respect du fait accompli est tel qu'ils ont presque horreur de leurs espérances lorsqu'ils les trouvent contraires à la réalité. C'est lorsqu'ils sont encore tout à fait ignorants des choses militaires que l'on pourrait, sans doute, essayer de répondre tout d'abord aux désirs obscurs qu'il y a peut-être en eux.

... Chose étrange, ce capitaine qui m'avait blessé au cœur, je l'ai mieux connu depuis, et je l'aime maintenant comme un des rares types de l'officier-soldat, sorti du rang, rude pour lui-même, bon pour les autres, qui n'examine rien lorsqu'il s'agit de devoir, d'obéissance et de sacrifice, et dont les mâles vertus sont encore un honneur pour notre Armée. J'ai découvert en maintes circonstances dans ce rude soldat des attentions et des délicatesses presque féminines, et je me suis étonné en trouvant chez lui de ces raffinements exquis qu'inventait sa bonne franchise et que n'atteignent pas toujours la meilleure éducation jointe au tact naturel le plus fin.

Comment se fait-il qu'un tel homme n'ait pas compris, n'ait pas senti qu'il y avait autre chose à dire devant ces malheureux conscrits? comment n'a-t-il pas eu conscience de ce qu'ils étaient en droit d'attendre de lui? C'est peut-être que l'homme est, en lui, distinct du capitaine. Le capitaine seul parlait; il avait affaire à des soldats que l'on était en train d'habiller : les jeunes hommes qu'ils étaient avant d'avoir franchi la terrible grille avaient disparu à ses yeux. Ce n'étaient pas encore de braves soldats qu'il aurait pu aimer à la manière d'un chef reconnaissant; c'étaient de misérables êtres en voie de métamorphose, que le capitaine ne se croyait peut-être même pas permis de scruter d'un regard trop indiscret. Plus tard, il saura bien leur montrer qu'il entend être bon avec eux; petit à petit, il fera même la connaissance de certains, si les circonstances le permettent ; pour le moment il leur explique le plus pressant.

Reste à savoir si le plus pressant n'est pas justement de les orienter tout de suite vers cette idée qui seule peut éclairer leur obscure vie de garnison, et qu'ils ne sauront plus fixer dans quelques jours! Notre Armée n'est plus faite de soldats, mais bien de citoyens. Est-il bon que ces trois années de régiment soient ainsi suspendues, odieuses ou étranges, au milieu d'une vie, rattachées seulement au temps qui les a suivies par les mauvaises habitudes trop souvent prises de passivité et de lassitude?.. Ne vaut-il pas mieux au contraire qu'elles apparaissent comme le terme naturel de l'éducation du jeune homme, fortement rattachées à sa vie antérieure qui l'aura déjà préparé petit à petit à cette dernière initiation à sa vie de citoyen d'une grande démocratie?.. Voici certes une conception logique et séduisante! Mais la sincérité nous force à ajouter que lorsque l'on a même traversé seulement la caserne, il faut avoir beaucoup de foi pour ne pas la considérer comme une utopie, tant elle est, hélas! en contradiction avec la réalité quotidienne!

V

Ecole Polytechnique,
Juillet 1896.

Suffit-il pour unir les hommes de les habiller de la même manière, de les loger dans la même chambre, de les nourrir de la même soupe et de les faire travailler avec les mêmes instruments ? Tout cela n'est que superficiel : c'est par le dedans que l'on peut unir les hommes; sans quoi, ils ressemblent à des voyageurs de classes différentes que le hasard de la route a momentanément entassés dans une même salle d'attente, mais qui sentent parfaitement bien qu'en dépit de la circonstance actuelle qui les rassemble, ils ne sont pas faits pour vivre ensemble.

Cette impression est celle que l'on ressent à la caserne : on y passe, on n'y vit pas véritablement. Chacun n'a rien de plus pressé que de déposer son âme à la grille pour la reprendre lorsqu'il sortira : qu'on remarque seulement, chaque soir, l'expression que cette âme rentrant dans le corps imprime au visage des heureux troupiers qui viennent de franchir la terrible grille. Lorsque des hommes travaillent à une même cause, lorsqu'ils sont animés par des passions communes, alors ils sont unis véritablement, quand même ils feraient des métiers différents et sembleraient séparés par tout l'extérieur accessoire de la vie.

Autrefois, j'admirais ce que j'appelais la fraternité démocratique de la caserne. J'ai vu que ce n'était qu'un cadre vide et j'ai compris avec une extraordinaire netteté que l'on ne pouvait faire de l'union que par les âmes.

Tant que la caserne sera regardée seulement comme une nécessité, tant que, faite exclusivement en vue de la guerre, elle ressemblera pendant la paix à une grande roue qui tourne à vide, tant qu'elle ne sera pas une école de patriotisme et même de civisme, elle ne servira pas la démocratie. Tout au contraire, elle divisera plutôt, par une réaction naturelle, ceux qui auront trop souffert de se trouver injustement réunis — je dis injustement puisqu'on s'est contenté de les rapprocher sans leur faciliter les moyens de s'unir.

J'ai remarqué que ceux qui sont entrés au régiment avec l'amour de l'Armée en sont sortis dégoûtés; ceux qui n'avaient considéré leur devoir militaire que comme une ennuyeuse corvée se sont réjouis de ne pas trouver cela trop dur et sont sortis presque contents. Cela est facile à expliquer. Tout le monde sait que la vie du soldat est rude et pénible. Mais les uns s'imaginent que l'on achète à ce prix une vie morale intense; les autres ne se soucient pas de cette vie à laquelle ils n'ont jamais réfléchi. Les premiers sont déçus et souffrent : il n'est pas jusqu'aux douleurs physiques qu'ils ne regrettent presque, regardant avec amertume ces douleurs se perdre vaines et inutiles, comme le laboureur qui verrait de bonnes graines emportées par le vent dans un désert de sable; les seconds estiment qu'on s'en tire en somme à assez bon compte et que cela n'est pas trop dur quand on n'a pas son porte-monnaie tout à fait vide et qu'on sait l'ouvrir à propos.

VI

Paris
Septembre 1896.

Mes quinze premiers jours à la caserne!... Je suis forcé maintenant de faire un effort presque douloureux pour les évoquer devant mon esprit. Tout ce temps-là me paraît presque mort aujourd'hui. Cette vie au régiment, étrange et isolée dans mon existence, s'est comme éliminée d'elle-même du reste de ma vie. On sait qu'un organisme vivant élimine les matières étrangères qui gênent son fonctionnement ; si un éclat de bois ou une épine pénètrent sous la peau, peu à peu celle-ci les repousse et les chasse jusqu'à les avoir rejetés à l'extérieur. Il en est de même lorsqu'il s'agit du monde moral.

Il y a des instants très courts dont l'influence paraît d'abord nulle, mais qui, quoique vite disparus, sont des germes vivants et doivent remplir l'avenir de leurs extraordinaires et opulents rameaux ; au contraire, il y a des années qui, sans un effort de notre part pour nous les assimiler et les ramener comme malgré elles à l'unité de notre vie, ne demanderaient qu'à disparaître, oubliées ; notre existence actuelle et future se ressouderait à l'ancienne comme se recollent les deux lèvres d'une blessure... Mais il ne faut pas perdre ainsi par lâcheté et par négligence ce temps passé que nous pouvons encore féconder par nos méditations présentes...

Je me souviens de cette résolution que j'avais prise enfin, après tant d'hésitations et d'angoisses, de continuer encore à préparer l'Ecole au régiment et, par conséquent, de m'exposer résolument à faire trois ans de service si j'échouais toujours. Je m'imaginais que l'isolement de la caserne, que cette vie mâle et rude me permettrait de travailler et de réfléchir. J'avais lu *Servitude et grandeur militaires*. J'avais trouvé un grand charme dans la perspective de cette vie d'abandon et d'austère labeur. Instinctivement, des idées de cloître s'éveillaient en moi quand je songeais à l'existence qui m'attendait... Et puis, j'allais donc enfin le voir de près ce peuple dont l'amour travaillait depuis longtemps mon imagination et mon cœur; j'allais être confondu avec lui, vivre de sa vie, me nourrir de son âme. Je souffrais de me trouver trop compliqué, un peu dilettante, d'une sensibilité parfois mesquine; j'allais donc enfin me simplifier et me fortifier à son contact. Durant toute une année je m'étais épuisé à parler avec passion, à exercer autour de moi une active influence sur les âmes de mes amis dans lesquelles j'étais arrivé à allumer un invraisemblable amour pour ce que nous appelions « notre œuvre », « la grande tâche à accomplir plus tard », idéal et aspirations que je sais bien que nous sentions d'une manière parfaitement précise, mais qui nous avait justement saisis trop complètement, trop universellement pour pouvoir jamais se prêter à être rédigés en programme délimité et défini. Or, il n'était justement pas sans attrait pour moi de quitter ce foyer que nous avions créé autour de nous, où nous n'avions tous qu'une seule âme, pour aller un peu explorer les pays lointains et inconnus. Je songeais à la joie du retour, j'espérais trouver alors dans ceux que j'allais quitter notre foi intacte, et m'être ainsi rendu plus digne de travailler pour notre Cause après cette épreuve et cet exil. Quel voyageur s'endormant mollement au bruit cadencé d'une voiture bien close, lorsqu'il fait nuit et qu'il vente dehors, ne s'est senti je ne sais quelle tentation d'abord, puis quel désir de descendre dans le froid et dans les ténèbres, d'y grelotter un peu, puis de revenir, essoufflé et transi, se réchauffer parmi les coussins moelleux, dans la tiède chaleur de la voiture, au murmure monotone des roues !...

Certes, il y avait aussi quelque chose de moins voluptueux et égoïste dans mon attente joyeuse de la caserne. Il y avait ce sentiment que mon échec à l'Ecole provenait de moi, que c'était comme le symbole matériel d'un autre échec, autrement plus grave, échec moral de ma volonté, et celui-là j'avais le devoir de le réparer. Ce sentiment était très profond en moi. Alors que mes amis me disaient un apôtre, je savais bien où était le mal en moi, et que, sans doute, si j'eusse été plus vertueux, ils m'eussent cru moins bon. J'avais négligé le travail humble et aride pour suivre la fougue et la passion qui étaient en moi et dont Dieu, peut-être, avait voulu se servir cependant pour faire un peu de bien.

Voilà dans quel état j'étais, lorsque je partis pour la caserne. Depuis un mois, j'étais seul à Versailles, occupé enfin de mon travail mathématique : mon isolement, les circonstances nouvelles, des succès dans les premières compositions, avaient facilité le sacrifice. Durant quelques après-midi, j'avais travaillé de longues heures de suite, car une de mes idées constantes était aussi que, dans cette année de solitude, j'allais comprendre les harmonies des mathématiques. Je me trouvais déjà satisfait : les abstractions mathématiques m'apparaissaient comme de pures et blanches amies très apaisantes dont j'avais résolu de faire mes compagnes pendant mon exil..

J'attendais cependant avec impatience mon entrée au régiment. Une seule chose m'effrayait un peu. J'avais vu au lycée les élèves militaires : avec leur air triste, toujours ennuyés, grossiers et sales, ne parlant jamais que des petits côtés mesquins du métier, riant d'un rire amer et méchant lorsque je leur parlais de ma joie d'être bientôt soldat, instinctivement ils m'avaient choqué, déplu. J'étais externe comme eux, mais nous ne nous parlions presque jamais; j'étais gêné avec eux. Je me disais, non sans une certaine fierté, que j'allais être bientôt, moi aussi, dans la même pénible situation qu'eux, et que je saurais cependant garder ce qu'ils considéraient comme des utopies, cet idéal auquel je tenais tant.

C'était en effet une idée à laquelle j'étais bien attaché, que j'avais énergiquement défendue dans nos réunions de Stanislas : que nous ne conservons nos désirs et nos rêves qu'autant que nous le voulons et que nous valons assez pour cela. J'étais pénétré de cette pensée que nous croyons et que nous espérons ce que nous méritons de croire et d'espérer.

Deux ou trois jours avant de franchir pour la première fois cette grille du 1er Génie, un de mes amis de Stanislas qui, refusé comme moi à l'Ecole, allait partir pour faire son service en province, me conduisit à Notre-Dame des Armées. Nous rencontrâmes l'aumônier des prisons, un prêtre à l'air intelligent et doux, avec des yeux brillants et une belle barbe noire... Il y avait là quelques soldats qui écrivaient des lettres ou jouaient au billard : je les regardai avec curiosité et tendresse comme des frères d'armes... Je me mis à causer avec le prêtre. Vite, je m'animai et je parlai bien durant deux heures, lui expliquant ce que je voulais faire et dire là-bas, comment je leur parlerais tout de suite de Dieu et du Christ, ne me contentant pas de me défendre, mais entamant, moi-même et tout de suite, la conversation sur ces sujets-là. Le prêtre paraissait étonné et très heureux; mon ami, un habitué de nos conférences de Stanislas, écoutait avec un air d'admiration et d'affection qui me comblait de joie. Quand je revins le soir, l'esprit tout étourdi et la voix brisée par tout ce que j'avais dit, je me souviens que j'étais très confiant; à peine un mauvais doute effleurait-il mon esprit tandis que je marchais, écoutant les bonnes et sincères paroles de mon ami, toutes pleines d'espoir et d'affection : si la réalité allait se trouver brutalement en désaccord avec les belles conceptions lentement échafaudées dans mon esprit et dont la très puissante réalité subjective ne pouvait cependant être mise en doute... Je sentais confusément que toute cette Armée dans laquelle j'allais entrer ne se doutait pas de mes pensées et de mes aspirations, qu'elle demeurerait peut-être impénétrable à mon âme... Mais cette méchante mélancolie m'apparaissait vite comme une mauvaise pensée que je chassais facilement de mon âme fatiguée et satisfaite.

VII

Ecole Polytechnique
Novembre 1896.

Le jour était arrivé où je devais entrer à la caserne. Nous attendions l'heure fixée sur l'avenue de Paris, le long de la caserne, par petits groupes peu animés qui semblaient plus dépaysés que tristes. L'un ou l'autre essayait de chanter en faisant des gestes maladroits : il n'y avait pas d'échos et on se taisait. J'avais quitté ma chambre de l'Avenue de Saint-Cloud, où depuis quelques semaines je vivais en solitaire, travaillant au lycée, et je regardais, observant tout avec attention, soucieux de ne perdre aucun détail psychologique, très calme et plein d'espérance, convaincu que tous les hommes deviennent aimables quand on veut se donner la peine de les connaître, et résolu à faire cet effort.

J'avais un optimisme si vivace que les longues cérémonies de visite chez le major, d'habillement, d'immatriculation ne parvenaient pas à me rebuter. Je courais dans toutes les chambrées, causant familièrement avec les *bleus*, leur demandant des récits de leur voyage en chemin de fer, interminables pérégrinations où ils passaient des nuits entières à attendre dans les gares ou serrés les uns contre les autres dans d'étroits wagons. Tout le monde me paraissait alors aimable et affectueux. On m'avait tant répété que la vie de la caserne était odieuse!... J'étais extraordinairement fier de trouver qu'il n'en était rien; je résumais mes impressions à mesure que je les ressentais, en vue de les traduire ensuite devant mes amis : « Mais c'est charmant! absolument charmant ! On peut parler de tout : on vit comme entre frères ; que quelques élégants et sots raffinés souffrent ici, c'est presque tant mieux. Pour moi, j'aime beaucoup me sentir en contact avec le peuple, ce peuple toujours jeune et encore sain, malgré tout, d'où nous viendra le salut... »

J'arrive dans ma chambrée, toute petite, située sous les toits, éclairée par une sorte de gros œil-de-bœuf ; un caporal, la figure presque imberbe et un peu efféminée, l'air alerte et vif cependant, plein de prévenances et d'une allure distinguée, me conduit : c'est un ancien *taupin* de Versailles ; nous nous serrons la main : c'est touchant. Sur leurs lits deux ou trois soldats, à moitié étendus nonchalamment, astiquent leurs effets en silence... Me voilà dans ma chambrée avec mes futurs camarades : c'est le moment de commencer mon apostolat. Alors — et je me souviens que cela s'est fait tout naturellement — je parle à mon caporal de poésie, lui disant que je l'aime avec passion. Lui, hâbleur, beau parleur, et, qui plus est, fort mauvais sujet, va s'élancer dans une grande période : « Oui ! la poésie, les femmes, la liberté, le plaisir !... »

Je l'arrête : « Cela est profaner la poésie et l'amour, lui dis-je. Moi, je crois que nous devons aller plus haut et remonter de la poésie qui nous charme jusqu'à la vérité qui nous éclaire et jusqu'à Dieu qui nous commande. Et puis je crois que nous ne sommes pas seuls, que Dieu vit parmi nous, que son Christ demeure toujours dans l'Eglise catholique, que c'est lui l'âme de notre démocratie, qu'il n'y a de salut qu'en lui... »

J'ai parlé ainsi très longtemps, répétant ce que j'avais déjà dit tant de fois avec mes amis ou dans des discours et qui s'était cristallisé depuis dans des sortes de formules que je sortais sans presque les adapter au milieu...

... Le caporal voulait discuter ; les soldats écoutaient sans trop comprendre, mais visiblement intéressés, au moins par le son des mots et n'ayant pas même l'idée de railler ce qui leur était présenté, malgré mon désir d'être simple, avec un appareil philosophique qui les étonnait et qu'ils respectaient comme quelque science inconnue.

J'étais bien heureux : au lieu de la résistance que l'on m'avait prédite je rencontrais une bienveillance que mon imagination se plaisait à grossir aussitôt.

Je m'animais en parlant. « Oui ! je suis catholique. Je veux l'être toujours... » et je tirais mon scapulaire et mes médailles attachées à mon cou pour les leur montrer ainsi que ma croix de Première Communion que j'ai toujours avec moi et que j'embrasse matin et soir... Et je disais : « J'aime mieux vous montrer tous ces souvenirs, les plus aimés que j'aie sur la terre ; il vaut mieux que je vous explique comment je fais cette prière que vous me verrez faire deux fois par jour. Mais voilà à quelles idées, à quelles réalités correspondent ces pratiques... Ah ! si vous saviez comme l'on est heureux lorsque l'on croit à cela !... Il faut que vous aussi vous ayez cette joie. Et puis vous n'avez pas le droit de vous désintéresser. Il faut que vous cherchiez ; et si vous cherchez, vous trouverez... »

Les soldats n'eurent pas même envie de rire : ils regardaient mes médailles, tout entourés par le bruit de mes paroles, et me demandaient des explications sur ce qu'elles représentaient. Et je leur parlais de la Vierge de Lourdes, et je revenais toujours sur cette idée qu'il leur fallait prendre parti et se prononcer pour le Christ..

C'est là un souvenir joyeux pour moi que celui de cette fière entrée en relations avec mes camarades de régiment... Hélas ! c'est peut-être un des seuls qui soit vraiment doux ; et encore j'avais, malgré tout, déjà comme en germe cette impression, qui m'a fait tant souffrir depuis, que les mots que je disais sonnaient faux, qu'ils n'attendrissaient pas les cœurs, qu'ils étaient plutôt des mots de défense que des mots de conquête.

... Toute la journée, longues attentes devant le bureau, interminable habillement, car la tenue d'intérieur a été relativement vite *touchée* par nous. Les autres effets nous arrivent un à un. Souvent on attend une heure et quelque sous-officier arrive vous criant de *rompre* avec un juron.

Enfin, le soir vient. Nous sommes moins d'une dizaine dans notre petite chambrée : pas plus de quatre anciens soldats. Je me couche sur le mauvais lit de soldat, résolu à le trouver bon, avec, malgré tout, une appréhension de ne pas dormir. La conversation commence bientôt, la première pour moi de ces causeries d'après l'*appel* qui me sont toujours restées si odieuses, dont je souffre encore aujourd'hui, et qui, au lieu de ce recueillement religieux qui devrait préparer au sommeil, m'apportaient chaque soir le dégoût presque insurmontable d'une immoralité, ou si l'on veut d'une saleté, plus choquante encore sans doute lorsque l'esprit réclamerait pour s'endormir dans le sommeil quelque chose d'apaisé et d'harmonieux.

Notre caporal ne pouvait pas moins faire que de mettre tout de suite la conversation sur les femmes. Cette nuit-là et jusqu'à minuit passé, on parla de l'amour.

Je n'avais jamais entendu jusqu'alors aucun propos même légèrement malsonnant; au collège, mes camarades, même ceux qui avaient l'air de m'être hostiles, se taisaient devant moi sur de semblables sujets. J'avais passé quinze ans à Stanislas, jamais pensionnaire il est vrai, mais ignorant totalement ce que pouvait être une mauvaise conversation. Je crois que cela a été pour moi, durant les années de mon enfance et le commencement de ma jeunesse, une force extraordinaire qui m'a permis de nourrir en moi une très durable fierté de mon ignorance, volontaire maintenant et non plus presque inconsciente comme autrefois.

Toutes les laideurs me furent révélées d'un seul coup en cette première nuit passée à la caserne. Je crois pouvoir dire que je n'ai à peu près plus rien appris dès lors sur ce chapitre. Un aide-cuisinier nous parla de l'amour dans ce qu'il a de plus grossièrement charnel; un ouvrier électricien traita de l'amour à l'usage des militaires et nous renseigna sur les prix usuels de la *Petite Place*; notre caporal essaya de défendre un amour un peu moins objet de commerce et je crus un moment qu'il allait être capable d'élever sa morale au moins jusqu'à la conception d'une maîtresse.

Enfoncé sous mes couvertures, j'écoutais avec un serrement de cœur, mais avec un intérêt passionné, la subite révélation de toutes ces turpitudes : il y avait quelques années, répondant à de pressantes questions, ma mère m'en avait dit juste assez pour calmer mes inquiétudes d'enfant et pour me mettre à même de juger les orateurs de ce premier soir de caserne... Je sentais combien tout cela était peu tentant; je savourais une sorte d'orgueil puéril à ne pas trouver de danger à ces grossières tentations et à me sentir plus fortement attaché que jamais à mes Idées chéries, amies intérieures que je réclamais pour me tenir compagnie.

Ils avaient cru parler de l'Amour : aucun cependant ne savait donc ce que c'était... Et voilà que je sors la tête de mes couvertures et que je commence : « Moi, je voudrais aussi parler un peu, et vous dire, comme ça, ce que j'entends par l'Amour. »

Et je parle pendant longtemps d'abord de l'Amour dans ce qu'il a de plus pur et de plus poétique, puis de la Fraternité, puis de l'Amour mystique du Christ...

Maintenant que je suis si lassé par cette vie commune avec des hommes qui, sans le vouloir, à chaque seconde presque, me blessent et me meurtrissent de mille piqûres d'épingles, maintenant que je me suis retourné dans tous les sens, comme un malade enfiévré, pour chercher une position moins douloureuse sans la trouver, et que j'essaye, mais en vain, de me fabriquer une retraite intérieure pour m'y reposer un peu et y reprendre haleine, ayant toujours l'effroi de voir disparaître mes forces exténuées, je n'aurais sans doute pas parlé, trop accoutumé, hélas ! à de semblables causeries du soir pour les considérer comme un étrange manifeste auquel mon devoir était de répondre aussitôt.

Cependant, et vraiment mes hardiesses étaient bien récompensées, ils ne rirent pas de mon sermon que je continuais toujours, le faisant de plus en plus personnel et pressant... Je crois même qu'ils étaient contents de la manière dont je *phrasais*, pour employer une expression du régiment.

Et moi, j'étais fatigué des émotions de cette première journée, mais malgré tout bien heureux, avec des impressions profondes de victoire remportée. Je ne dormis pas du tout cette nuit-là... Et cependant le lendemain matin, je me levai très alerte avec un sourire de confiance sur les lèvres.

VIII

Ecole Polytechnique
Janvier 1897.

Nos exercices militaires étaient durs : deux heures le matin, je crois, et deux heures et demie le soir ; on nous avait mis dans une escouade spéciale avec des élèves musiciens ou cordonniers, qui devaient, eux aussi, tout apprendre en six semaines. Je me souviens que les tout premiers jours, je me disais : « Ce n'est que cela !... Mais ce n'est pas fatigant, ce n'est rien du tout !... » Et j'étais fier de penser ainsi.

Le soir, après l'appel, tous les *taupins militaires* (1) se réunissaient tout au fond de la caserne, dans une petite chambre qu'on leur avait donnée comme salle d'étude. Je me souviens de ces courses nocturnes à travers les vastes chambrées, les cours froides, les escaliers obscurs : un ancien *taupin mili* nous conduisait d'un air paternel ; nous étions un peu ahuris de toutes ces choses nouvelles, nous marchions à pas de loup pour ne pas nous faire remarquer, nous avions déjà cette peur instinctive du *bas-off* qui, tout de suite, saisit le jeune soldat... Enfin, nous arrivions dans la petite chambre, sorte de taudis avec deux tables boiteuses, quelques chaises cassées, un vieux tableau noir tout usé, quelques bouteilles vides, des restes de fromage, de gros morceaux de pain, des *boules* comme disent les soldats ; c'était un mélange étrange d'effets militaires : patiences, brosses à reluire, ceinturons démontés, képis ou

(1) On désignait de ce nom les soldats qui étaient admis à suivre des cours au lycée pour préparer l'examen d'admission à l'Ecole Polytechnique.

shakos, et de vieux cahiers de cours aux feuilles toutes salies, d'équerres, de règles, de bouteilles d'encre de Chine et de feuilles d'épures.

... Cela avait un pauvre air misérable ; c'était un désordre d'une repoussante saleté. Aux murs on avait collé quelques gravures tirées de journaux illustrés : figures de femmes, caricatures grotesques ou scènes militaires... Nous nous réunissions tous là-dedans : on buvait, on fumait, on causait.

Je me souviens d'avoir eu, pendant quelques jours tout au moins, un certain attachement pour nos petites réunions du soir : nous avions un trou à nous où nous pouvions nous détendre un peu sans crainte du *bas-off*, où nous nous sentions *chez nous* : cela donnait un peu l'illusion d'un foyer. Les vieux *taupins mili*, mes aînés, qui m'avaient tant choqué et déplu quand je les avais entrevus au lycée, tout à coup m'apparaissaient transformés : je croyais les voir alors seulement par le dedans et les découvrir enfin. En somme, ils étaient très doux, complaisants, nous apprenaient à bien nous habiller, à mettre notre cravate, à ajuster notre ceinturon ; ils semblaient contents d'avoir de nouveaux compagnons : on aurait dit que nous égayions à leurs yeux par notre présence la petite salle des *taupins*, perdue au fond de la caserne.

Nous étions tellement isolés au régiment, qu'il nous était doux de causer un peu de nos affaires, de nos *bazars* (1), de nos *exams* et surtout de nos ennuis au régiment, de la dureté du métier. Nous autres, les conscrits, nous racontions nos petites aventures de la journée, et cela faisait rire les vieux. Je leur faisais des récits pittoresques de mes enthousiasmes et de mes premières expériences psychologiques : cette fois, ils ne me répondaient plus avec une méchante amertume, comme lorsque j'avais essayé de leur parler au lycée, ils riaient de bon cœur et ils trouvaient que c'était très amusant de m'entendre ; d'ailleurs maintenant j'étais des leurs, ils me regardaient avec bienveillance.

J'ai conscience d'avoir senti là, durant quelque temps, une véritable solidarité, d'autant plus touchante qu'elle provenait de souffrances communes et qu'elle était très simple, très rude et très virile.

Naturellement, je ne perdis pas de temps, je me mis aussitôt à placer la conversation sur mon terrain favori : je parlai de mes espérances, de mon amour pour le Christ et le peuple, de la grande tâche que nous de-

(1) Nom donné aux lycées dans l'argot des collèges.

vions accomplir... Ils étaient heureux de m'entendre parler ainsi : cela rompait la monotonie de leur vie triste, faite de dégoûts et d'ennuis. Ils me demandaient de *laïusser* et se taisaient quand je commençais. Ils étaient même un peu fiers de savoir que j'avais réussi autrefois dans les lettres et la philosophie. Ils ne partageaient pas mes idées, mais ils me demandaient de parler comme ils m'auraient demandé de chanter... Et puis aussi, ils sentaient bien que j'étais sincère, et cette confiance, qui me portait à tout leur révéler de ce qui brûlait mon cœur, n'était pas, j'imagine, sans éveiller en eux, bien à leur insu, un peu de reconnaissance.

Un soir, en sortant de la *turne des taupins*, comme on disait, au haut d'un escalier noir j'entendis une voix m'appeler : c'était celle d'un de mes nouveaux frères d'armes, *taupin* comme moi. Ma franchise l'avait gagné. Il avait été joyeux et attendri en m'entendant parler ainsi du bon Dieu et du Christ ; il était chrétien aussi, mais faible, il avait besoin d'appui, il voulait être mon ami. Longtemps, nous nous promenâmes dans la nuit, parmi les corridors ; je voyais à peine sa tête à la lueur indécise d'un bec de gaz ; il ouvrait toute son âme à la mienne : depuis trois jours qu'il était ici, il avait tant souffert, il se sentait si seul, si abandonné!

Moi, je le consolais, je lui disais toutes sortes de choses pour le fortifier... Enfin, très tard, au milieu de la nuit, nous nous dîmes adieu. Je regagnai à tâtons ma chambre : je crois que cette fois, à cette heure tardive, tout le monde dormait déjà. Comme un triomphateur, je me couchai dans mon misérable *pieu :* j'étais très fatigué, très ému, très joyeux. Là aussi j'avais donc commencé à faire des recrues pour ma Cause. J'allais avoir un ami : de lui-même il était venu à moi, il m'avait demandé de le soutenir et de l'aimer; il m'était impossible de détacher de lui ma pensée, mon imagination travaillait, je m'attendrissais sur ses infortunes, je songeais à ce que j'allais lui dire, à la manière dont il fallait m'y prendre; j'avais une fébrile impatience de me trouver au lendemain, de lui parler encore et de le voir enfin autrement que dans la nuit.

J'avais résolu en entrant au régiment de lutter contre ma sensibilité trop vive et ma curiosité égoïste d'analyse psychologique ; mais ici, je n'avais rien recherché; je ne pouvais pas repousser celui qui affirmait avoir besoin de moi... Je le revis souvent, cela me fut précieux de pouvoir parler un peu avec lui de ce que j'aimais, parmi les dures aridités de la caserne ; nous allions nous promener ensemble, il faisait des vers et me les lisait... Mais je m'arrête, car il est toujours mon ami : ce n'est donc pas de l'histoire ancienne.

IX

Ecole Polytechnique
Février 1897.

Je passai ainsi quelques bonnes soirées avec les *taupins mili :* la nouveauté et l'étrangeté de ma nouvelle vie, l'idée que j'étais à un moment critique me donnaient du courage. J'avais une très vivace espérance en l'avenir, j'étais fier de constater que mes rêves intérieurs supportaient à merveille ce premier et rude contact avec la réalité extérieure, qu'ils se fortifiaient même dans cette nouvelle atmosphère. Comme je n'étais pas alors malheureux, les autres se montraient aimables et bons pour moi ; je leur apportais un peu d'animation : instinctivement, ils me le rendaient en indulgence.

Cela pouvait-il durer longtemps ainsi ? Je ne sais. Fut-ce nécessité ou faiblesse de ma part, si, bien vite, tout cela changea ? Je crois que, s'il y eut de ma faute, peut-être il y eut beaucoup aussi de l'effet même des circonstances. Hélas ! un accord que la bonne humeur et comme la surprise ont réalisé, qui ne correspond à rien d'intime et de profond, peut-il demeurer longtemps ? Sans doute, les misères d'une vie commune peuvent bien rapprocher ceux qui les endurent. Mais les misères elles-mêmes ne sont vraiment tout à fait communes que dans les premiers instants ; ensuite, chacun souffre de ce que sa nature et son éducation lui font plus douloureux, et ces diversités de points de vue sont bien faites plutôt pour séparer que pour unir. Oui ! cela est très beau la fraternité dans une douleur commune ; mais encore faut-il que cette douleur ne soit pas seulement matérielle, qu'elle entame les âmes ; dès lors ces fécondes douleurs exigent, pour être ressenties les mêmes par tous, un fond commun d'idées et de sentiments. Trouve-t-on cela à la caserne? Certes, je crois que le plus souvent les hommes s'en soucient bien peu ; il ne faut pas alors qu'ils s'étonnent s'il y a juxtaposition et non fusion.

La fatigue physique m'épuisait : je ne pouvais arriver à dormir à la chambrée ; les longues séances d'exercice me semblaient souvent une torture. Nous avions un sergent qui nous rudoyait grossièrement, en blasphémant à chaque mot qu'il disait. C'était un bon militaire au sens technique du mot, très fort sur sa théorie ; il avait à la caserne la réputation d'être une brute, ce qui n'était pas vrai tout à fait, je crois. En dehors du service il était plutôt affable, et je me demande encore s'il n'était pas arrivé à considérer sa brutalité comme une nécessité de situation : l'homme le plus doux du monde ne prend-il pas lui-même des allures violentes quand il veut dresser une meute de chiens!

Quand on est trop lassé dans son corps, quand on souffre physiquement toute la journée de quelque chose, on dirait que l'âme se rapproche plus intimement du corps, qu'elle se porte énergiquement à son secours pour le soutenir, pour le calmer, pour l'empêcher de crier ou de défaillir. Ce travail occupe son énergie et la détourne de ses pensées naturelles ; elle s'empâte de matière, ou plutôt elle devient tout à fait ingénieuse et pratique, tour à tour violente ou attendrie. Aussi mon extrême fatigue m'empêcha-t-elle vite de continuer à me répandre à l'extérieur comme je l'avais commencé ; je gardais seulement au fond de moi cette certitude que je ne renonçais à rien, mais que, pour le moment, je devais courir au plus pressé et me mettre malgré tout en état d'être reçu à la fin de l'année, et de ne pas terminer tout cela piteusement par un échec. Dès lors, j'eus vite l'air triste, morose, fier peut-être. Quand on tenait des propos qui me semblaient bêtes et sales, je sentais que ce n'était pas le moment de répondre, car il me faudrait alors aller jusqu'au bout, et je risquais ainsi de m'épuiser en vain... et je me taisais. Quand on parlait des mille banalités de la caserne, dans un langage mêlé souvent d'expressions ordurières, cela me semblait si monotone et si irritant tout à la fois que je n'aurais pas su prendre part à la conversation, sans être contraint et ridicule... et je me taisais. De temps en temps seulement je parlais abondamment, tout d'un trait, comme pour me soulager le cœur, surtout lorsqu'il s'agissait de religion ; seulement je n'avais plus ma belle confiance d'autrefois : mes élans sentaient le renfermé ; il y avait des morceaux de vieilles phrases toutes faites, qui s'étaient échappées autrefois spontanément de mon âme et que je leur resservais maintenant.

Eux cependant ne riaient pas : je crois qu'ils voyaient que j'étais sincère; seulement il n'y avait guère de points de contact entre nous. J'avais l'impression de paroles s'évanouissant dans le vide; et bientôt je retombais dans mon ennui solitaire et silencieux que seules les mille petites douleurs inattendues de chaque jour venaient diversifier.

Je serais ainsi tombé dans la plus morne des souffrances si ma vie ne s'était rapidement, comme d'elle-même, scindée en deux : d'un côté, ma vie actuelle, dont j'avais en quelque sorte fait le sacrifice, à laquelle je ne m'intéressais plus comme acteur et que je voulais seulement bien observer comme spectateur, vie misérable, abandonnée, que je savais devoir être courte et qu'il me suffisait presque de regarder passer sans rien tenter pour m'y accoutumer; de l'autre côté, ma vraie vie, celle que depuis longtemps déjà je m'efforçais de coordonner de mon mieux, celle que je voulais rendre belle et utile, celle que, dès mon enfance, j'avais résolu de consacrer au bonheur du peuple et à la gloire du Christ. J'avais trop peu de loisir et surtout de tranquillité d'âme pour pouvoir bien jouir de la vision de cette vie-là : c'était même une grande souffrance pour moi que de ne plus pouvoir appeler cette contemplation à mon secours quand, parfois, j'en sentais un si pressant besoin; mais j'étais comme un homme qui garde son trésor bien en sécurité dans un coffre dont il n'a pas pour le moment la clef, mais qui sait sûrement quand et où il la trouvera. En descendant dans ce fond impénétrable et alors presque insensible de mon âme, je regardais ce coffre obscur où étaient enfermées toutes mes espérances, et cela me consolait.

X

Ecole Polytechnique,
Mai 1897.

C'est une chose terrible que l'Armée : par moments, on dirait qu'elle vous tient et vous enlace comme une proie ; jamais elle ne lâchera prise. Elle est rigide comme une cage de ferdont les barreaux ne se briseraient pas. Le soldat le sent parfaitement ; il ne lui vient pas même à l'idée de refuser d'obéir. Il essaye de tourner les ordres qu'il reçoit, de faire le moins d'ouvrage possible, de tromper même : jamais il ne résiste... Il ne conçoit pas la résistance. Pascal avait remarqué déjà que les malades seraient trop malheureux s'ils avaient les désirs et les passions des hommes bien portants.

Tout de suite, le soldat est traité comme une chose : il habitera cette chambrée, couchera dans ce lit, placera ici son fusil, là ses *godillots*, son linge ou sa tunique ; il a une place marquée à l'exercice, tourne la tête à droite et à gauche, s'accroupit, se relève, marche, court au commandement... Il ne choisit rien ; il n'y a pas moyen pour lui de coordonner un peu ses actions, d'arranger sa misérable existence ; il sent bien qu'il est une chose inconsciente et irresponsable, qu'il n'a pas le droit de vivre, mais qu'on vit pour lui, ou plutôt que des règlements anonymes commandent à tous et remplacent la vie...

Le soldat est esclave dans les plus petits détails de la vie quotidienne. C'est comme un cruel réseau de fer qui se resserre sur lui et le blesse chaque fois qu'il essaye de s'en dégager : heureusement qu'il n'y pense pas le plus souvent, et arrive presque à s'endormir dans l'inflexible cuirasse...

Combien le réveil serait dur ! Jamais la force ne lui céderait même sur un minime détail... Il n'a pas cette consolation suprême, celle de l'ouvrier qui peut changer d'usine ou tout au moins mourir de faim à sa guise dans l'endroit où il veut!.. Le soldat est voué aux travaux forcés. Son métier est un métier d'ilote. La liberté individuelle n'existe pas pour lui. Les lois qui protègent les autres hommes ne s'appliquent pas à lui. Il est frappé de mort civique... Oh! cette grille que l'on ne peut franchir, même une heure, en dehors du temps réglementairement fixé, sans être recherché, saisi et enfermé en prison!... comme elle paraît méchante et sinistre à de certaines heures!

Ce jeu pacifique des armes, en temps de paix, est un jeu farouche, car si le pauvre petit joueur refuse de prendre part au jeu, la force toute puissante le saisit et frappe jusqu'à ce qu'il cède. Il a beau souffrir, avoir l'âme et le cœur navrés, l'armée ne tient pas compte de cela; si le corps n'est pas brisé, elle ne voit rien; elle a même ses hôpitaux, casernes encore, où elle soigne, en commandant toujours.

Et peu à peu, l'esprit lui-même est souvent atteint, les pensées se trouvent comme brisées et hachées par les mille vexations et froissements perpétuels; on n'a plus le cœur à penser; on compte les jours; on a l'âme toute suspendue à l'espoir de la délivrance. Rares sont ceux qui ne se résolvent pas bien vite à ce rôle de machine inconsciente et qui ne cessent pas très tôt de réagir contre les influences du milieu, obéissant non seulement aux chefs pour le service, mais encore faisant comme les autres dans les conversations de caserne et dans la vie de troupier!

... J'avais écrit le plan d'un roman : un jeune homme vivait très isolé dans un château en province; il avait été élevé à côté d'une jeune fille qui habitait aux environs et qu'il aimait. Dans son esprit sauvage, s'étaient développées des idées de philanthropie et de vague socialisme. Il arrive à la caserne : ses désillusions. Il comprend ce que serait le socialisme qui nous imposerait à tous la vie de caserne : il devient anarchiste, fougueusement épris de liberté. Il se révolte contre la force brutale qu'est pour lui l'Armée. Sa tristesse, sa désolation. Il appelle sa seule amie. Celle-ci arrive jusqu'auprès de sa garnison : ses grossiers camarades de chambrée se moquent de lui et la prennent pour une fille de joie. Brisé dans tout ce qu'il a de plus cher, plein de haine pour ses compagnons forcés, il s'enfuit, court à travers la campagne avec sa bien-aimée, s'enivre un instant de poésie et de tendresse, puis rentre dans son enfer et se tue, le seul moyen qui lui reste pour échapper au monstre cruel qui le tient dans ses griffes.

Cette histoire absurde me plaisait parce que j'y répandais les impressions qui m'agitaient : c'était une consolation pour moi. J'y pensais durant les longues séances où l'on nous enseignait la théorie et pendant lesquelles nous pouvions souvent rester assis, immobiles, et réfléchir un peu...

Je voyais les soldats brutaux, ignorants des âmes, bourreaux inconscients, devant le cadavre, impuissants cette fois à le faire obéir ; leurs punitions soigneusement enregistrées, leurs corvées supplémentaires, leurs consignes, tout cela tombait inutile maintenant sur ce misérable corps inerte : j'avais presque une joie sauvage à pénétrer leur dépit. Ce pauvre être qu'ils avaient humilié, bafoué, raillé, avait répondu d'une manière sinistre et par un procédé que tous trouvaient de mauvais goût : il leur échappait enfin !

Et puis la scène de tendresse, la nuit, dans le grand parc (je pensais à celui de Versailles), ces quelques heures de répit où l'on se parlait tout bas des choses d'autrefois, où l'on oubliait les hommes, où l'harmonie et l'amour remplissaient tout d'un coup les cœurs si assoiffés et si ulcérés, caressait doucement mon imagination ternie par la vie de la caserne.

J'étais enfant avec cette histoire : mais elle me servait à intellectualiser des impressions amères et personnelles ; ainsi amplifiées, extériorisées, idéalisées, celles-ci n'étaient plus douloureuses.

Je me souviens d'avoir eu presque de la haine au cœur quand on nous faisait courir au pas gymnastique le matin en lourde tenue de campagne : j'avais les pieds meurtris ; je n'avais pas dormi de la nuit (je ne savais pas dormir à la chambrée) ; je songeais à l'examen qui m'attendait à la fin de l'année et que les autres candidats préparaient tranquillement dans leurs lycées ; alors passaient à côté de moi de jeunes sous-lieutenants, des *bottiers* (1) de l'Ecole qui semblaient très contents de cet amusement qu'on leur fournissait de jouer au militaire. Ils nous regardaient avec un air à la fois indulgent et suffisant ; ils semblaient dire : « Mon Dieu ! comme tout cela est bien ! quelle charmante récréation que cet exercice du matin ! comme ces manœuvres sont faites régulièrement ! comme je suis à l'aise et heureux de vivre ! » La haine que j'éprouvais (si ce mot convient, mais j'ai eu des scrupules au sujet de cette haine) n'était pas personnelle cependant ; elle était faite de

(1) Nom donné aux ingénieurs de l'Etat qui viennent de sortir de l'Ecole Polytechnique.

pitié pour les pauvres diables que nous étions ; elle était intellectuelle, et je jouissais assez de comprendre ce sentiment de révolte qui fermente parfois dans le cœur des malheureux.

Et puis je songeais aux jours où peut-être, moi aussi, je serais dans les heureux de l'Armée... Oh! comme alors je comprendrais ce que l'on peut souffrir dans les bas-fonds, comme je devinerais sous le moindre geste, comme je saurais me souvenir, comme je serais bon!

Quand je songe aujourd'hui à cet état d'esprit, je me dis bien que les souffrances dont je parle ne sont peut-être pas très senties par tous les soldats, qu'elles sont plutôt celles d'un intellectuel froissé, et que c'est un leurre de les supposer partagées par tous... Toutefois, il y a des maux dont on souffre très réellement sans s'en rendre compte ; à ceux-là aussi il faut porter remède, et puis, qui sait ce que l'uniforme peut revêtir de tristesse ou de révolte? le soldat se fait vite un visage et un esprit uniformes eux aussi, mais l'âme véritable palpite en dessous, ou étouffe et fait souffrir.

Toute cette force brutale qu'est l'Armée est cruelle et barbare à moins qu'elle ne soit vivifiée par l'Idée. Il faut que l'officier se rende bien compte de l'extraordinaire autorité qui passe à travers ses mains, qu'il ne peut sans doute ni produire ni arrêter, mais dont il doit s'efforcer cependant de trouver le sens pour adoucir ainsi, humaniser et féconder la dure loi dont il est le serviteur. L'armée peut être admirable et presque sainte, ou bien tyrannique et odieuse, suivant ce que les hommes voudront bien la faire. Je sais que l'on dit souvent qu'elle est plutôt ce qu'on veut bien la voir et qu'elle se manifeste à chaque individu ce qu'il mérite qu'elle soit pour lui... Cela est douteux d'abord ; mais serait-ce démontré, il n'en subsiste pas moins que le soldat a besoin justement qu'on lui montre de quel côté il faut regarder, que sa tête est très portée à se courber simplement devant la force et le fait accompli, ou quelquefois à se briser révoltée contre les obstacles. Ne faut il pas apprendre aux soldats à obéir sans servilité et à mener la vie d'ilotes avec des cœurs d'hommes libres? Croit on donc que cela soit chose si aisée de mener une vie aussi étrange et contre nature, sans s'y abîmer et s'y déformer, et la grandeur d'âme nécessaire n'a-t-elle pas besoin d'être développée, soutenue, fortifiée?

Hélas! combien peu d'officiers veulent songer à cela! Sans doute, ces préoccupations compliqueraient leur tâche et il est plus commode d'avoir affaire à des numéros qu'à des hommes!

XI

Ecole Polytechnique

Juin 1897.

Instinctivement, l'homme a besoin d'un foyer, de quelque chose qui l'enveloppe et le protège. On ne s'aperçoit de l'amour du foyer que lorsqu'on a été privé de celui-ci. Il est terrible pour le soldat de n'avoir pas de foyer. Le soldat mène une vie banale et anonyme. Il ne possède pas un pauvre coin où il puisse être seul, se recueillir, être chez lui. Il n'a d'autre propriété que la petite boîte noire où il enferme quelques lettres et quelques souvenirs : dernier vestige lamentable du foyer ; mais c'est un foyer trop exigu pour qu'il puisse s'y abriter et s'y reposer.

J'ai compris ce que pouvait être le martyre des enfants que l'on envoie pensionnaires au loin et pour qui le collège demeure toujours la grande chose étrangère, hostile, tyrannique.

Réunir des hommes, les ranger au hasard ou par ordre de taille, les introduire dans de grandes chambres, les placer chacun au pied d'un lit et puis leur dire : « C'est là que vous vivrez pendant trois ans... Arrangez-vous ! » ; traiter des êtres intelligents et sensibles, capables de sympathies et de répulsions, comme des cailloux que l'on arrange par tas le long d'une route, est certes une étrange et cruelle idée !...

Souvent une discipline sévère serait avantageuse, imposant certaines règles connues à l'avance et dans l'observation desquelles chacun trouverait une garantie. Mais il n'en est rien... Je suis triste ; il y a des gens qui poussent des cris et éclatent de rire à côté de moi : impossible de les faire taire ; je ne bénéficie pas même d'une loi sérieusement appliquée contraignant au silence dans la chambrée le soir, à partir d'une certaine heure .. Je suis forcé d'entendre les grossières obscénités qu'il plaît à mes voisins de débiter... Je n'ai pas la liberté de m'entourer de pensées et d'images chères à mon esprit et à mon cœur : je suis environné d'une atmosphère grasse et malsaine.

Le besoin du foyer se fait alors plus que jamais impérieusement sentir. Combien de fois j'ai envié le malheureux qui n'a qu'une étroite mansarde, mais où il peut s'isoler de tout, quand il lui plaît, qu'il peut arranger comme il l'entend : deux ou trois images coloriées, comme en achètent les paysans, ne suffisent-elles pas déjà à enlever à la mansarde sa banalité, à en faire comme une prolongation bienfaisante et reposante de la personne de celui qui l'habite?

Mais est-il absolument impossible que l'armée devienne jamais un *foyer?* Faut-il nous contenter de cette constatation consolante — ou plutôt douloureuse — que bien des soldats semblent, pris par la routine du métier, oublier qu'ils n'ont pas de foyer, et désapprendre le goût de l'initiative personnelle? Pourquoi donc? Sans doute, une caserne n'aura jamais la douceur et la tendre tiédeur d'un foyer familial ; mais si c'était une grande école nationale, si les soldats avaient conscience de faire autre chose qu'une pénible tâche utilitaire imposée par la force, si, en dépit de tous les froissements et de toutes les divergences d'éducation et d'opinion, on était d'accord sur quelque chose, si ce quelque chose, au lieu d'être relégué dans le subconscient dont on ne parle jamais, était toujours présent aux regards, si les officiers s'en faisaient les gardiens et les révélateurs, alors, sans doute, l'armée conserverait la haute et féconde qualité d'un foyer national; ce serait comme un couvent civique où les jeunes hommes, avant d'entrer dans la vie, se prépareraient à bien servir leur pays dans l'obéissance et le travail... Pourquoi ceci est-il un rêve?... Et cependant, sans doute, cela serait si les hommes le voulaient. Pourquoi ne le voudraient-ils pas?...

XII

Paris
Septembre 1897.

Sous l'égalité apparente de la loi militaire, se cache une terrible inégalité. Provenant de milieux différents, ayant des habitudes et des besoins différents, une règle commune est dure pour ceux-ci et presque douce pour ceux-là. Certains, d'une race affinée, souffriront de mille choses dont ne s'apercevront même pas les autres ; et il ne s'agit pas seulement ici des corps, mais bien aussi des âmes. D'autre part, un homme bien élevé n'aura pas besoin d'apprentissage pour parler poliment à ses chefs et pour ne pas être tenté de frapper son caporal ; pour un paysan, il y aura peut-être là beaucoup d'énergie à déployer.

Je me souviens d'un propos assez fréquent : « Tu peux bien dormir, puisque je dors... etc. » C'est comme si l'on disait : « Tu peux bien chanter, parce que j'ai une jolie voix... »

Cependant, il n'est pas sans grandeur qu'une même loi régisse tout le monde. Cela apparaît évidemment comme nécessaire au point de vue militaire. Serait-ce absurde au point de vue moral ? — Nous ne le croyons pas. Ne serait-ce pas déjà beaucoup d'apprendre à chaque homme ce qu'il y a en lui de faiblesse et d'impuissance ? Seulement, les officiers n'ont pas le droit d'oublier cette inégalité militaire que crée la nature des choses ; non pas pour changer la loi, mais bien souvent pour changer leur état d'esprit vis-à-vis du soldat, et pour essayer de le comprendre.

Il est à remarquer que tandis que j'étais simple soldat, ce sont les devoirs des officiers qui se sont imposés à mon esprit avec une grande violence ; peut-être, quand je serai officier, en sera-t-il de même des devoirs des soldats.

XIII

Toul
Septembre 1897.

Me voici sous-lieutenant. Hier soir, je suis arrivé à Toul; j'ai à peine entrevu quelques officiers; je me retrouve dans mon ancien régiment, au 1er génie. Après mes années de « taupe », mon passage à la caserne et à cette autre dure et blessante caserne qu'est l'Ecole, il me semble que je suis libre, qu'une vie normale va commencer pour moi... Je ne jouis pas précisément de ma joie : c'est plus encore une idée qu'un sentiment... Voilà si longtemps que je souffre d'une douloureuse compression. que chaque jour mes chaînes se resserrent, surtout durant ces terribles dernières semaines d'Ecole, qu'il faut quelque temps pour que l'équilibre se rétablisse. Mes deux mois de vacances ont été pleins de bruit, de discours, de succès, à Treignac, dans mon cher petit pays qui nous aime tant, dans le Nord, chez M. Harmel. Ce besoin fébrile d'activité traduit une gêne, un reste de souffrance : on ne cherche pas tant à s'étourdir quand on est très heureux. Pourtant je suis très heureux : pas tout à fait cependant, car le passé laisse des meurtrissures, une lassitude, une impuissance à se ressaisir, et quand on a été déjà blessé, l'avenir fait peur...

Mais taisons-nous sur tout ceci : abandonnons la description de ce que nous sommes aujourd'hui ; comment écrire ce que l'on sent, le jour même où on le sent?... Je veux faire un effort pour réveiller le vieux passé, encore durant quelques instants : il me faut fixer l'image ancienne que j'ai conservée de l'Armée, telle qu'elle m'est apparue quand j'étais soldat, et qui s'efface chaque jour, avant de laisser se former une nouvelle et sans doute différente image de cette même Armée qui, peut-être pour toujours, offusquera la première...

Je me souviens que, tandis que je lisais *Pingot et moi*, à Versailles, je méprisais un peu cette manière superficielle de juger l'Armée, du jeune lieutenant qui ne connaît des fatigues du service que ces bonnes journées en plein air qu'il juge saines pour le corps et l'esprit, du troupier que son air soumis, et de l'intime psychologie du soldat que les petites confidences respectueuses de son ordonnance, et qui se dit : « C'est cela l'armée... Soyons bons avec nos hommes (ce qui se traduit pratiquement par beaucoup de gâteries envers son ordonnance) : leur métier est en somme un bon métier : ils l'aiment à cause des qualités naturelles de leur tempérament français. Comme tout est parfait!... Comme il fait bon de vivre! »

Déjà maintenant je comprends moins ce qu'il me semblait comprendre nettement alors : il est difficile, comme on a dit, après un bon dîner de croire qu'il puisse y avoir des gens qui meurent de faim.

Au moins, je veux me souvenir de ces longues marches qui font saigner les pieds, et que nous faisions, nous autres *taupins*, sans entraînement préalable, de ces interminables séances de tir, si fatigantes quand on a mal dormi la nuit, de tous ces irritants demi-tours faits à la grille, quand la liberté espérée attire si fort de l'autre côté de la porte, du grossier mauvais vouloir du *chef*, de ce mépris du gradé pour le pauvre *bleu* lorsqu'il balaye mal, des corvées matinales et des courses dans l'escalier glacial et noir, à la recherche du camarade de corvée. Oh! mon Dieu, quel misérable composé nous sommes, puisque l'âme ne peut pas se retrouver elle-même dans la pleine conscience de sa vie, quand toutes ces petites misères épuisent et lassent, quand surtout l'atmosphère étouffe et n'est pas respirable! Pauvre esprit qu'un rien anéantit et dissipe!... Mais n'est-ce pas bien certain cela? Et d'ailleurs, si le plus beau génie de la terre est tout à coup arrêté et brisé, pour peu qu'une main stupide et envieuse frappe le front d'une massue, comment s'étonner que nos rêves malhabiles et encore indécis semblent s'enfuir, lorsque le bruit et le tumulte méchants du dehors les chassent et les dispersent?... Bénissons Dieu plutôt qui a permis à l'Idée de ne pas mourir pour toujours, et qui la fait, pour repeupler le cœur, sortir de l'Arche, une fois la tempête passée.

Oh! comme je le sens grand, ce soir, le fossé qui sépare l'officier du soldat! Je l'ai compris rien qu'en causant avec mon ordonnance pour la première fois. Comment arriver jamais à combler cet abîme? Se pourrait-il que l'on pût faire du bien, être utile, sans le combler pourtant? N'est-ce pas lui qui m'avait froissé autrefois? Et il me semble aujourd'hui que mes galons m'éloignent des soldats, que si je leur parle ils ne comprendront pas, qu'ils n'auront qu'une politesse et qu'un respect de convention.

Et j'écris ceci tranquillement assis devant ma table, au milieu d'objets connus et aimés dont chacun me rappelle un souvenir où mon esprit se plaît et se repose... Autrefois, quand exténué je courais au pas gymnastique, avec un peu de rage dans le cœur, tandis que le sergent nous injuriait, ou bien surtout quand, au lieu de m'endormir, j'entendais les obscénités quotidiennes de chaque soir et je me retournais en tous sens pour essayer de ne pas entendre, alors je songeais parfois à l'officier qui ignore tout cela... Hélas! vais-je ignorer moi aussi! Que vais-je faire de la petite parcelle d'autorité qui me sera donnée? Jadis je la voyais immense, et combien minime elle tend à m'apparaître aujourd'hui!

Et voilà que, dans un an, c'est la vie qui va enfin commencer pour moi! cette vie dont tout le reste, ainsi que nous disions dans la *Crypte* (1), n'aura été que la lente veillée d'armes. Avec quel enthousiasme nous la considérions alors! Avec quelle passion nous en évoquions les images chaudes et ardentes! Hélas! chaque fois que je me suis rapproché d'un but, que j'ai réalisé un peu de ce que j'avais conçu, il m'a semblé que je perdais quelque chose de très pur et de très puissant. Serait-ce l'intégrité du rêve qui se salit toujours en se faisant matière et parfois s'émiette en touchant terre? Pourtant, c'est là la tâche laborieuse et sainte de l'homme de faire des faits avec des idées. Il s'y meurtrit, il s'y épuise : qu'importe, s'il s'y sanctifie.

(1) Etant encore élève, à Stanislas, nous avions organisé pour nos camarades des réunions dans une crypte du collège.

XIV

Toul
Octobre 1897

Voilà que je vais commencer mon métier d'officier. Ce soir, le capitaine me montrera comment on fait passer une revue. Jusqu'à présent, j'en avais seulement passé moi-même, et je me souviens comme d'une chose terrible de ces longues heures d'attente dont la monotonie était rompue seulement par les ordres souvent contradictoires des gradés, accompagnés de toute une escorte de grossièretés et de jurons variés.

Ainsi il faut bien que je termine ce premier chapitre de ma vie militaire où j'essayais d'esquisser mon existence de soldat... Et voici qu'il me semble que je n'ai rien fixé des vieilles impressions évanouies : j'ai le sentiment qu'elles ont disparu dans le gouffre noir du passé, que je me pencherais en vain en arrière pour les observer, qu'à peine pourrais-je évoquer devant moi quelques formes vides et incolores... Sentiment douloureux d'impuissance à ressaisir sa vie tout entière, à la garder intacte en soi avec ses joies, ses souffrances et ses expériences. Et pourtant qu'est-ce qu'une vie qui se perd et s'épuise, à mesure qu'elle s'écoule ? Elle ressemble à ces journées embrumées où l'on ne voit ni devant, ni derrière, mais à quelques mètres seulement autour de soi, journées inutiles ou terribles pour les voyageurs, suivant qu'ils restent immobiles ou continuent leur route et s'égarent.

J'espère cependant qu'en relisant ces quelques pages mortes, il me semblera parfois retrouver un peu de vie dans ces cadavres...

XV

Toul
Octobre 1897.

Hier je voulais terminer et j'ai été interrompu au milieu d'une phrase... Je suis entré pour la première fois à la *Caserne de la Justice* (1); j'ai suivi le capitaine tandis qu'il faisait passer une revue d'armes. Rien n'était changé, ni dans les chambres, ni dans l'attitude des hommes et des gradés; mais je voyais tout de l'autre côté, j'avais l'impression d'une machine docile et bien réglée et c'était tout. De vagues souvenirs décolorés se réveillaient en moi, mais sans éclat et sans chaleur.

Quand j'ai quitté la caserne du 1er Génie à Versailles, pour un départ définitif, après avoir rendu meseffets militaires et avoir été désarmé (ce qui est le grand signe de la libération) j'avais une joie violente, d'une intensité presque douloureuse: ma réception à l'Ecole était assurée, le but atteint, il me semblait qu'une ère nouvelle allait commencer, toute pleine d'activité féconde et d'action libre et passionnante... Je revins, après avoir dit adieu à mes camarades les *taupins mili* moins heureux que moi, dans ma chambre où j'attendis d'être seul pour me mettre à genoux au pied de mon pauvre lit, témoin de tant de tristesses, et je récitai à haute voix des prières, avec beaucoup de prosternations et de signes de croix, embrassant le sol à plusieurs reprises, selon une ridicule habitude que me donnèrent à la fois mon tempérament et mes scrupules. Puis je partis enfin, l'âme pleine d'espérance et de foi.

Il me semble que j'avais alors une vie plus intense, moins émoussée

(1) Caserne située sur la Route de la Justice, à Toul.

et surtout plus consciente d'elle-même qu'aujourd'hui. Cependant, comme c'est une impression que j'ai toujours ressentie en songeant au passé, comme j'ai toujours cru avoir laissé derrière moi le meilleur ou tout au moins le plus vivant de moi-même, et cela de tout temps, il se peut que ce soit un simple effet de perspective morale.

Mais passons... Il est temps de finir. Ces lignes seront aujourd'hui terminées, alors que je commençais seulement à fixer quelques traits épars pris dans mes souvenirs... Les circonstances le veulent ainsi...

Il serait ingrat de ne pas remercier Dieu qui m'a conduit au but, et qui instruit et soutient, alors même qu'il laisse les ennuis et les douleurs encombrer la route. D'ailleurs, le Christ m'a gardé au cœur le même désir de travailler toute ma vie à l'avènement de son règne, et mes religieuses passions d'enfant sont demeurées mes passions et mes rêves de jeune homme.

Qu'il me soutienne ! Qu'il vive en moi ! Que, durant cette année de travail et de recueillement, il réveille dans mon âme le souvenir des expériences anciennes, et me permette tout à la fois d'observer et surtout d'être utile et bon, ainsi que je l'ai jadis résolu. D'ailleurs, mieux que moi, il saura me conduire. Qu'il me donne seulement la force de désirer avec paix et ardeur que sa sainte volonté s'accomplisse sur moi tout entière.

Les quelques pages qui suivent sortent évidemment du cadre de ces souvenirs, mais elles ont été écrites vers la même époque et c'est encore un regard sincère jeté sur la vie de nos armées en temps de paix.

C'est ce matin que nous devions lui rendre les derniers honneurs.

Je ne l'avais jamais connu ; seulement, depuis mon arrivée au bataillon, chaque jour j'avais vu son nom figurer au *rapport* sous la mention *hôpital*. Ayant un matin demandé au planton qui communique les ordres aux officiers ce qu'il savait de ce malade, je fus ainsi renseigné : c'était un jeune soldat de la dernière classe ; il ne devait faire qu'un an comme soutien de famille, mais quelques jours avant son départ, la maladie l'avait pris, cette fièvre typhoïde dont un commencement d'épidémie s'était déclaré cet été ; entré l'un des premiers à l'hôpital, il en avait vu sortir tous les autres guéris, tandis que sa convalescence à lui s'éternisait ; et depuis trois longs mois déjà il eût été libéré sans la maladie opiniâtre qui le retenait toujours, s'acharnant maintenant après lui tout seul.

Hier, en venant me réveiller, mon ordonnance me dit : « Vous savez, mon lieutenant, Tavras est mort... » Alors, il me raconte qu'il l'avait bien connu, que c'en était un grand, qui avait la lèvre fendue depuis sa naissance, pas mauvais, bon soldat, mais qui n'était pas de sa chambre. D'ailleurs, il avait été le voir à l'hôpital, et il l'avait trouvé tout maigre et pâle avec des yeux étranges qui avaient l'air de ne pas voir : Tavras ne lui avait pas répondu, mais il l'avait reconnu, il en était bien sûr.

Puis, s'arrêtant brusquement, après une pose d'un instant, mon ordonnance m'explique qu'il faut demain me mettre en grande tenue, mais qu'il ne se souvient pas bien si je dois avoir les épaulettes et la dragonne en or, qu'il y aura sans doute quelques piquets en armes, du moins si c'est comme pour le caporal qui s'est noyé l'an passé en prenant un bain... Je l'interroge sur l'hôpital et il me dit combien les hommes ont peur d'y être envoyés, parce qu'on est mal soigné par des infirmiers qui volent le vin des malades et refusent de se réveiller quand on les appelle la nuit. « Ce n'est pas comme en bas, mon lieutenant, là où il y a des sœurs... Celles-là, c'est des bonnes femmes, au moins : elles donnent toutes les semaines de la soupe au lait, et je vous promets que c'est elles qui la payent ;... et puis le sergent, même quand il est mauvais, il ne peut rien dire, parce que, voyez-vous, il n'a pas le droit de commander aux sœurs... Seulement, il n'y a que ceux qui sont casernés dans la ville qui peuvent aller là ; pour tous les autres qui sont en dehors des remparts, c'est rien que l'hôpital ; et ce n'est pas une bonne maison, allez, mon lieutenant... Tenez, ce pauvre Tavras, ils racontaient justement, dans la chambrée, que c'étaient peut-être bien les infirmiers qui lui auraient donné un bouillon pour le faire un peu se dépêcher de s'en aller, rapport à la besogne que ça leur donne de refaire toutes sortes de paperasseries, quand un bonhomme, il y a déjà trois mois qu'il est à l'hôpital... »

Ce matin, à 8 h. 1/2, tandis que je m'habille, le rendez-vous étant fixé pour 9 heures seulement devant l'hôpital, je vois la compagnie en grande tenue, qui descend de la caserne et passe devant mes fenêtres. Ils ont l'air presque joyeux : c'est pour les anciens une diversion à la terrible monotonie de la vie militaire ; et puis il y a beaucoup de jeunes soldats arrivés de la veille, et c'est une des toutes premières fois qu'ils sortent, gauches et brillants dans leurs vieux uniformes que leur ont légués les générations passées, mais qui reluisent tout de même, tant ils ont astiqué les cuirs et frotté les boutons.

Je me hâte, car je veux être là quand ils auront atteint l'hôpital, et vite, par un chemin de traverse, je marche à pas précipités... Une petite pluie fine tombait ; malgré tout, il y avait encore comme un reste de tiédeur dans l'air humide de cette matinée de novembre. Derrière moi, il n'apparaissait de la vieille ville fortifiée que les remparts de gazon, un peu dissimulés dans les arbres, et les deux tours dentelées de la cathédrale avec le clocher plus antique encore de la seconde église qui, rapproché par l'éloignement, semblait faire corps avec la première. Devant moi, une pente molle qui menait à une sorte de large plateau, supportant au loin les masses pesantes de nombreuses casernes et limité seulement à l'horizon par de hautes collines lourdes et sans grâce, qui servent comme de supports géants aux ouvrages des forts, masqués par de la verdure ; et, tout autour du chemin boueux que je suivais, de petits champs détrempés ou des enclos pleins de légumes autour de vilaines maisons aux fenêtres étroites et couvertes de tuiles.

Bientôt, je découvre un groupe d'immenses bâtiments, réunis par des galeries vitrées, entourés de murs, isolés d'une façon étrange au milieu des champs placides d'alentour. C'est l'hôpital, qui ressemble à une de ces casernes comme on en a bâti partout dans la campagne, près des forts et des citadelles, le long de notre frontière de l'Est : il est tout neuf, construit en riches matériaux, mais son aspect a quelque chose d'uniforme, de brutalement officiel, de presque hostile.

J'arrive, en effet, à l'hôpital avant la compagnie. Un gros soldat, la face rubiconde, me fait un superbe salut : c'est le portier, un terrible, celui-là, qui, paraît-il, fouille les soldats lorsqu'ils vont voir leurs camarades de l'hôpital, de peur qu'ils ne leur apportent du tabac et ne lui fassent ainsi perdre son bénéfice d'avoir seul le droit d'en vendre très cher aux malades.

« Vous venez, sans doute, pour l'enterrement, mon lieutenant ? », me dit-il de cette voix servile et mielleuse que prennent toujours les sous-officiers brutaux devant ceux qu'ils doivent craindre.

A peine ai-je répondu oui, qu'un civil, sans doute un employé, m'aborde avec un air important et ému : « Ah ! mon lieutenant, s'écrie-t-il très fort en faisant des gestes, je voudrais vous demander... pour le cercueil... un renseignement. Comme je leur disais, n'est-ce pas? ce n'est pas l'hôpital qui doit payer, c'est plutôt la Compagnie... ; parce que j'ai bien vu la famille, mais elle n'a pas d'argent : elle ne veut pas payer,... vous savez. Nous autres, nous fournissons bien un cercueil mince en sapin ; mais ils ont voulu le faire voyager et l'emporter avec eux : il faut alors une autre boîte en chêne : c'est eux qui doivent payer, n'est-ce pas, à moins que la Compagnie...

— C'est bien, c'est bien, on paiera, soyez sans inquiétude ; mais indiquez-moi vite où est déposé le corps. »

Les deux hommes se rassurèrent aussitôt ; je gagnai rapidement, à l'autre extrémité de l'hôpital, à travers de grandes cours vides et le long des masses de maçonnerie percées de spacieuses fenêtres où apparaissait, çà et là, quelque tête ennuyée de malade en bonnet de coton, un petit édifice qui renferme deux chambres de morts et une chambre de dissection. La Compagnie venait d'arriver. Elle se rangea devant l'entrée et attendit.

Je regardai curieusement cette petite construction et je remarquai qu'une de ses trois portes était ouverte. Je montai une marche basse et me trouvai dans un étroit vestibule aux murs nus et blancs. Une femme vieillie, gauchement enveloppée dans un grand châle noir et coiffée d'un chapeau neuf aux voiles de crêpe qui tombaient en désordre autour de sa tête, était debout dans l'angle, donnant le bras à un petit garçon d'une quinzaine d'années, vêtu d'un complet bleu marine trop étroit. Tous deux, ils pleuraient sans bruit, et l'enfant avait la tête rentrée dans les épaules et les yeux gonflés.

Je compris... Je sentais que je devais dire quelque chose ; mais j'avais peur, je n'osais pas commencer. Seulement, je m'approchai tout près de la femme, en la regardant d'un air où je m'efforçais de mettre toute l'intelligence que j'avais de sa douleur. Elle, qui sans doute se trouvait là bien seule et dépaysée, voyant quelqu'un avec qui causer me dit à voix presque basse : « Oh ! Monsieur, comme nous sommes malheureux ! »

Je crus voir qu'elle trouvait un soulagement à parler ; alors, je lui répondis tout ce qu'on a coutume de répéter en pareille occasion, et cela d'une voix triste et grise, car un propos banal prend un sens quand les mots sont prononcés d'une certaine façon.

Elle me raconta qu'elle était veuve, que c'était son aîné, qu'elle le croyait guéri ; qu'il y a quinze jours, lorsqu'elle avait envoyé les petits le voir, — elle, étant restée pour garder la maison — ils étaient revenus tout joyeux, avec cette promesse que le grand frère serait de retour dans trois semaines au plus... Puis, tout à coup, elle avait reçu la dépêche disant qu'il était mort... D'un instinctif mouvement, elle était partie avec son second fils, malgré ces douleurs dans les jambes qui la faisaient souffrir depuis si longtemps; elle avait voyagé, sans savoir trop comment, attendant indéfiniment dans les gares, sans manger, mais son malheur la rendant forte, et entêtée dans son idée de ramener malgré tout son fils chez elle, de ne pas le laisser ensevelir dans le froid cimetière de la ville inconnue. « Sois forte, mère, avaient dit les petits : ramène-le-nous !... » Ah ! cette idée d'avoir son corps, c'était bien à cette heure la pensée qui la soutenait, qui la faisait vivre. « Oui, monsieur, me disait-elle, là, au moins, je pourrai le visiter quand j'aurai un petit instant de libre ; je serai près de lui : tandis que le savoir loin de moi, tout seul... Ces pauvres croix de bois dans le cimetière militaire, vous savez comme c'est horrible !... Quelquefois, quand j'en vois qui sont tombées sans que personne y ait pris garde, je vais moi-même les ramasser... »

A ce moment, un officier d'administration, le teint coloré, la mine vulgaire, dans un vieil uniforme poussiéreux, fit son entrée dans la petite salle, et il commença d'une voix claire et haute : « Voyons, madame, précisons un peu la situation. L'hôpital n'a pas à payer le cercueil : il ne fournit que le petit cercueil ordinaire de sapin, mais pas le cercueil de chêne pour le voyage ; seulement, il vous faudra faire tout de suite une demande au maire de chez vous, si vous voulez être remboursée ; mais il est bien entendu que ce n'est pas l'hôpital que cela regarde... Quant aux frais de transport, vous n'avez pas à vous en occuper; c'est le régiment qui paye quand le soldat est mort d'une maladie ordinaire : vous comprenez ce que je veux dire, d'une maladie que ce n'est pas sa faute d'avoir attrapée... Mais n'oubliez pas le cercueil, au moins : vous savez, nous pourrions avoir des désagréments sans cela, nous autres. »

Je regardais cet homme : il me faisait pitié. Je l'interrompis, et m'adressant à la mère, je repris pour le faire taire quelqu'une de ces phrases vagues qui essayent de consoler. L'officier d'administration le comprit peut-être, car d'un air un peu gêné, quoique toujours de bonne humeur, il reprit : « C'est certes bien pénible, madame, mais voyez-vous, c'est comme cela ici-bas ; moi, comme les autres, nous traînons notre chaîne... » Et je crois qu'il n'alla pas beaucoup plus loin que cette compatissante métaphore.

Enfin, il partit, ce qui me soulagea, et je restai de nouveau seul en face de la malheureuse femme qui, ainsi que son fils, était toujours immobile, étonnante de courage et de force.

« ... Et dire, monsieur. murmura-t-elle bientôt, qu'il est peut-être mort tout seul,...tandis que chez moi, je l'aurais tant soigné, tant gâté ! » Sachant ce que l'on m'avait raconté sur l'hôpital, je n'eus pas le courage de la contredire, mais je lui répondis :

« Encore un peu de temps, madame, et il vous sera rendu : cette fois, ce sera pour toujours. »... Elle ne comprenait pas; cependant elle m'avait parlé de prières : elle m'avait appris avec joie qu'un vieux curé de leurs amis l'avait vu quelques semaines avant sa mort. Pourquoi ne comprenait-elle pas?

« Il est sans doute plus heureux que nous, madame. Ayez confiance! Dieu vous le rendra ! »

« Hélas ! » reprit-elle d'une voix plus forte et en faisant de la tête un geste de dénégation, « je ne sais pas... » Et cela voulait presque dire : « Je ne crois pas. » Je vis que la mort était bien à ses yeux le fossé irréparable que son esprit même se refusait à franchir, et que sa seule consolation serait d'aller mettre des fleurs sur sa tombe... Alors, je me tus, car je ne trouvais plus rien à lui dire.

. . . .

Nous demeurâmes là presque une heure, elle toujours debout et refusant de s'asseoir : nous attendions l'aumônier et le capitaine. Cependant elle me demanda à parler à un ami de son fils, un *pays*, qui devait être passé caporal depuis cette dernière permission qui les avait ramenés tous deux au village, joyeux de se retrouver là, jeunes et libres, oublieux déjà des misères du métier. J'appelai le nouveau caporal. Elle l'embrassa très fort sur les deux joues, tandis qu'elle avait, parmi ses larmes, à la vue des brillants galons rouges tout neufs, un pâle sourire triste. Un instant, sans mot dire, ils se regardèrent, et je vis que le gradé, un vigoureux jeune homme plein de santé, avait les yeux rouges. De crainte de les gêner, je me retirai ; et j'entendis la conversation s'engager sur une valise appartenant au mort, et qu'il s'agissait de renvoyer, ainsi que sur un petit couteau qu'il ne fallait pas perdre ; ces propos semblaient consoler un peu la malheureuse femme, sans doute en détournant son esprit de sa misère et en la rendant à ses pensées coutumières de ménagère.

Enfin l'aumônier arrive, escorté d'un vilain soldat à épaulettes blanches qui sert de porte-croix, et dont le visage blême, la barbe inculte ont je ne sais quel air blafard d'hôpital. Le prêtre, très habitué à ce genre de besogne, se fâche un peu parce qu'on lui a apporté un vieux surplis tout taché. « Vous savez bien, dit-il, que je ne me sers de celui-là que pour donner les sacrements mais non pas pour sortir en ville. »

Quelques instants après, nous voyons venir le lieutenant en premier, un bon vivant à la face réjouie qui vient d'être nommé capitaine et qui apparaît pour la première fois devant les hommes avec ses trois galons : à travers les rangs, on devine de discrets sourires. Quelques minutes encore et le capitaine nous a rejoints : c'est un homme froid, correct, timide, dont le caractère particulier est d'avoir toujours l'air de penser quelque chose de bien profond mais qu'il ne dit jamais.

. . . .

Nous voici maintenant sur la route détrempée : une dizaine d'hommes en armes, en grande tenue, avec les outils attachés au sac, entourent le corbillard, traîné par deux vieux chevaux, précédé du soldat qui porte la croix et de l'aumônier qui lit paisiblement son bréviaire dans un gros livre; un sapeur marche derrière, portant une disgracieuse couronne de perles, dernier souvenir des camarades et des chefs. La mère suit, toujours appuyée sur le bras de son fils: elle a mis de vieilles pantoufles pour pouvoir marcher beaucoup, car des bottines lui blesseraient le pied, ainsi qu'elle me l'expliquait tout à l'heure; son châle traîne dans la boue, sans qu'elle songe à y prendre garde maintenant, elle qui doit être ménagère si économe. Puis viennent les officiers: le capitaine, l'ancien lieutenant et moi. La petite troupe suit derrière: ils se taisent ou parlent à voix très basse, car je ne les entends pas.

La pluie continue à tomber, fine et rare; il y a de temps en temps des coups de vent qui font frissonner les arbres sans feuilles. Nous rencontrons sur notre passage beaucoup de jeunes conscrits qui rejoignent chacun son régiment, la tête basse, un peu anxieux devant l'inconnu, portant en main leur pauvre petit bagage: et cela est triste, sans doute, pour ceux qui arrivent, cette rencontre avec celui-là qui s'en va pour toujours.

Nous traversons les remparts par le pont-levis. Le poste porte les armes: jamais l'humble soldat n'avait été à pareil honneur. Nous entrons quelques minutes dans la chapelle de l'hôpital mixte, celui « où il y a des sœurs ». Les soldats remplissent les bancs, un peu gênés, ne sachant s'ils doivent être debout, assis ou à genoux; l'aumônier, d'un ton indifférent, lit quelques prières dans son livre et fait lui-même les réponses; puis il prend l'encensoir des mains d'un vieil infirme dont le cou est horriblement déformé par un goître: celui-là c'est l'enfant de chœur ordinaire de l'hôpital.

Notre petite procession repart presque aussitôt; nous retraversons le pont-levis et nous atteignons la gare tout encombrée d'une foule de poteaux portant l'indication des différents régiments. Nous attendons quelques instants. On nous envoie à la gare des marchandises; puis de là, comme on ne sait que faire de nous, on nous renvoie à la gare des voyageurs. Et le pauvre misérable couple de cette mère et de cet enfant se promène ainsi, derrière le corbillard, parmi la foule indifférente des jeunes soldats, trop occupés de leur propre anxiété pour remarquer la cruauté d'une semblable promenade. D'ailleurs, cette femme semble résolue à tout supporter aujourd'hui : elle a fait provision de force ; elle met seulement, de temps en temps, un morceau de sucre dans sa bouche, parce qu'elle s'imagine que cela la soutient. « C'est après, Monsieur, m'avait-elle dit, quand tout sera fini, que je serai malade... »

... Interminable discussion avec le chef de gare. On consent enfin à recevoir notre bagage incommode; on le met dans un fourgon, la couronne de perles placée dessus, et, comme il est déjà tard et que c'est l'heure de la soupe, vite on renvoie la Compagnie.

Maintenant, ce sont les papiers qui n'arrivent pas. Il en faut de toutes sortes : du commissaire de police, de l'hôpital, du maire. Et, sur le grand quai de la gare neuve, ils attendent tous deux, sans rien demander, n'occupant personne de leur malheur et pleurant si discrètement qu'on ne les remarque même pas.

Enfin, après bien du temps, le capitaine est parvenu à faire apporter les papiers : il cause un dernier instant avec la malheureuse femme de cet air triste et un peu morne que je lui ai toujours connu et qui, cette fois du moins, convient à merveille. Décidément, l'idée de partir ainsi la console; c'est encore une façon de ramener son fils au pays : leurs amis sont prévenus là-bas; ils viendront les attendre à la gare; on fera un bel enterrement ; il y aura beaucoup de monde.

Le capitaine est parti maintenant. La pauvre mère fait son éloge en pleurant : « Un si bon officier, nous dit-elle, et qui m'envoyait si souvent des nouvelles. »

A notre tour, nous disons adieu. Mon *premier* (1) cherche à se mettre à la hauteur de la situation; mais vraiment sa face réjouie fait un effet désastreux. D'abord, il ne sait trop que dire, forcé de sortir de son naturel insouciant et optimiste; enfin se ravisant, et montrant le petit, qui soutient sa mère de son mieux : « Allons! Madame, il faut espérer que vous aurez plus de chance avec celui-ci. »

Alors je m'approche de l'infortunée; je lui serre la main et je la regarde sans rien dire. Elle, avec des yeux pleins de reconnaissance, me dit « Merci! ». Je n'avais jamais connu son fils : c'étaient donc ces quelques paroles d'humanité prononcées tout à l'heure par moi, un étranger, dans la cruelle attente de l'hôpital, qui l'avaient touchée.

. . . .

(1) Lieutenant en premier.

Nous la quittâmes ainsi et, tout de suite, cette vision de mort disparue, nous nous retrouvâmes en pleine vie, sur cette large avenue de la gare tout encombrée par les troupes de conscrits que conduisaient des gradés, répondant aux mille saluts des soldats, l'oreille remplie du roulement lointain des tambours et de la voix aiguë des clairons.

Mais à cette heure, toute cette vie militaire de la place forte me semblait méchante et cruelle. Au fond de moi-même, une voix obscure la déclarait coupable d'avoir arraché ce fils à cette mère, de lui avoir infligé, après toutes les duretés de la caserne, le supplice de l'hôpital et l'horreur d'une mort abandonnée et de ne rendre à cette pauvre femme qui lui avait confié son trésor et sa gloire qu'une pitoyable boîte de chêne, bonne à enfouir sous terre.

J'admirais toutefois l'étonnante résignation de cette mère qui ne songeait pas à maudire, qui supportait tout sans se plaindre, n'ayant que des paroles de reconnaissance pour ces chefs militaires que, dans sa douleur, elle eût certes été bien excusable de considérer comme des bourreaux, et toute prête sans doute à livrer bientôt encore avec des larmes, mais sans révolte, le pauvre petit qui l'avait soutenue de son bras fragile, durant les longues heures cruelles, à cette même exigeante et impitoyable armée, ayant seulement pour se consoler en sa détresse nouvelle cette espérance douteuse, entr'ouverte à son cœur de mère par l'adieu du gros lieutenant, « qu'elle aurait plus de chance avec celui-ci ».

IMPRIMERIE GUSTAVE PICQUOIN

53, RUE DE LILLE, PARIS

www.ingramcontent.com/pod-product-compliance
Lightning Source LLC
LaVergne TN
LVHW050434160826
845677LV00002BA/702

9782329670096